INSTRUCTION

AU PEUPLE

Sur les Vers et les Maladies

Vermineuses.

INSTRUCTION
AU PEUPLE

Sur les Vers et les Maladies Vermineuses,

Dans laquelle on fait connaître plus de trente espèces de Vers qui affligent le corps humain dans tous les âges de la vie : on y indique les parties dans lesquelles ils exercent leurs ravages ; les maladies qu'ils occasionnent, et celles avec lesquelles les affections vermineuses s'allient.

Cet Ouvrage offre l'exposition de la découverte d'un remède contre les Vers, qui, à raison de sa double propriété de guérir et de préserver, mérite le nom de VERMIFUGE PRÉSERVATIF ET CURATIF. Une nombreuse série des effets et des guérisons qu'il a produits, placée à la fin du volume, justifie ce titre.

Par M. LÉOPOLD-POLI BIANCHI DE BLANCHET,

Médecin consultant, de la classe des anciens Médecins exerçant à Paris ; Chirurgien désigné à l'Amirauté de Guienne, par le duc de Penthièvre, Grand-Amiral de France ; ancien Inspecteur pour les remèdes prétendus secrets.

Ouvrage faisant suite à l'*Essai sur les Maladies Vermineuses*, publié à Genève en 1774, et au *Mémoire sur les Vers*, Douay 1782, par le même Auteur.

POST TENEBRAS LUX.

Prix : 15 sous.

Se trouve à Lyon,

Chez { l'Auteur, *rue Dubois, maison Varambon, à côté de la Pompe.*
{ LECLERC et Comp.e, Libraires, *place des Terreaux.*
{ DAVRIEUX, au Cabinet Littéraire, *rue St.-Dominique*, N.° 69.

1806.

Dedié à M. Aiguy,

Docteur-Médecin, exerçant à Lyon.

~~~~~~~~

O vous, respectable Confrère, qui m'êtes devenu cher par l'amitié que vous liâtes avec mon compatriote, le Médecin Bianchi, votre contemporain; à ce titre, puis-je espérer que vous voudrez bien accueillir favorablement un ouvrage tendant à réveiller l'attention des médecins sur une partie de notre art qui est trop négligée. Si cet essai n'obtient pas pleinement votre suffrage, j'ose croire que vous apprécierez mon intention, et que vous le recevrez comme un gage de mon attachement, et de la haute considération avec laquelle je suis, Monsieur et très-honoré Confrère,

Votre très-humble et très-dévoué serviteur,

LÉOPOLD-DOMITIUS-POLI BIANCHI DE BLANCHET,
Docteur-Médecin.
~~~~~~~~

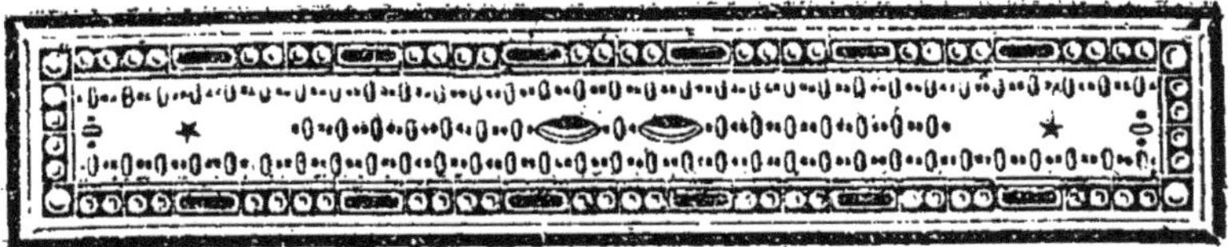

INSTRUCTION

AU PEUPLE

Sur les Vers et les Maladies Vermineuses.

Les Vers sont la cause de la plupart des maladies qu'on voit régner ; et les maladies occasionnées par les vers sont d'autant plus redoutables qu'elles deviennent, selon le concours des circonstances, fièvres putrides, malignes, lentes ; coliques ; convulsions de toute espèce, jusqu'au *tétanos* ou convulsion du menton ; diarrhées, flux de sang, maux de tête, hémorragies, vertiges, anéantissement, vomissement, manque d'appétit, faiblesses, mal-aise, lassitudes, étisie, marasme ou consomption, etc. (1)

Les vers, les plus dangereux ennemis de l'espèce humaine, pour mieux la détruire, s'emparent d'elle, dès l'âge le plus tendre : les qualités, les brillans états, et la nourriture la plus choisie ne sauraient préserver personne des vers.

Il n'est pas d'état sans écueil : chaque profession reste toujours imparfaite dans quelques-uns de ces points, quelque recherche que l'on fasse pour lui faire étendre ses degrés de perfection et d'évidence.

(1) Essai et mon observation sur les Vers, *Genève* 1774 ; et mon Mémoire sur les Vers, *Douay* 1778.

Les siècles passés croyaient ne laisser rien à découvrir aux siècles à venir ; mais à mesure qu'ils se succèdent, ils rencontrent toujours quelque chose que ceux qui les précédaient n'avaient point encore aperçu. Les sciences et les arts reçoivent tous les jours un nouveau degré de lumière. Tout se polit avec le temps : la médecine sur-tout semble s'enrichir sur toutes les autres sciences ; les nouveaux accroissemens qu'elle reçoit chaque jour lui donnent un nouveau lustre ; et nous voyons, au grand avantage de l'humanité, qu'une infinité d'excellens praticiens nous fournissent par leurs découvertes, quantité de remèdes nouveaux, qui guérissent les maladies les plus opiniâtres et qui avaient paru incurables jusques à eux.

Il est cependant surprenant que parmi tant de médicamens, et de compositions nouvelles, on n'en ait pas découvert une qui puisse sûrement garantir l'espèce humaine de ces insectes vermineux : insectes qui jettent la désolation et le désespoir dans le sein des familles, en leur enlevant ce qu'elles ont de plus cher ; et si l'homme, par un penchant naturel, est jaloux de se reproduire, et s'il goûte la plus douce satisfaction lorsqu'il se voit renaître dans un de ses enfans, quelle douleur pour lui de voir en un instant le second lui-même se précipiter dans la tombe ! En effet, nous voyons que la présence d'un rejeton vient souvent mettre le calme et l'accord dans l'esprit de deux époux, que la privation de ce petit être en avait chassés. C'est lui qui devient le sceau de l'union et qui rend les familles heureuses. Mais à peine cette image encore faible commence-t-elle à jouir de la lumière, qu'elle pousse des cris plaintifs et verse des larmes : comme si cette petite créature prévoyait tous les malheurs qui l'environnent. Aussi elle ne reste pas long-temps à ressentir les infirmités attachées à la rigueur de son sort. Ainsi tourmentée par un nombre infini de maladies, elle plie sous le joug accablant de l'humanité, et arrache à ses bienfaiteurs, par un adieu éternel, le plaisir de la voir. De quelles couleurs peindre alors la situation des auteurs de ses jours? De tant de maux, de tant d'accidens qui affligent l'homme même dès l'âge le plus tendre, il n'en est pas de plus cruels et de plus funestes que ceux produits par les vers ou par des principes vermineux : et en effet, on peut affirmer avec assurance que ces insectes sont le fléau de l'espèce humaine.

Nos plus habiles observateurs assurent que les enfans sur-tout ont une disposition particulière qui favorise le développement des vers : la faiblesse de leurs viscères, les alimens doux et frians, que les enfans choisissent par préférence, concourent beaucoup à la génération de ces animalcules. Aussi voyons-nous cette maladie si à la mode, venir exercer sa fougue chez les hommes naissans, de préférence aux adultes. Nous ne dirons pas que ceux-ci en soient à l'abri ; car ces derniers, lorsque les vers les attaquent, les chocs alors sont plus terribles, par la force des tempéramens. Finalement la vérité est que les jeunes comme les vieux, les hommes comme les femmes, à tout âge, de tout sexe, tous sont sujets aux vers. L'homme a bien de quoi rentrer en lui-même et reconnoître la petitesse de son être, s'il considère avec des yeux philosophiques les infirmités auxquelles la nature l'a assujetti ; car il se voit continuellement rongé par différentes espèces de vers qui naissent dans toutes les parties de son corps : il s'en niche dans la tête, qui causent aux malades des douleurs cruelles, comme on l'a observé

(4)

dans certaines maladies épidémiques (1). On voit sortir
des vers par les narines et par les oreilles (2). On a
trouvé des vers dans le foie et dans le cœur (3). Il
en naît sous la peau une quantité prodigieuse de différentes espèces; et nous voyons chaque jour des ulcères
remplis de vers (4). On en a trouvé dans l'urine ,
dans le sang des personnes qui avaient la fièvre (5).
On prétend avoir vu sortir un lézard de la bouche d'un
homme (6). Tous ces faits sont attestés par des savans
dignes de foi.

Il est bien étonnant que tant d'auteurs médecins
n'aient pas voulu parfaitement approfondir l'efficacité
des matières vraiment nécessaires et propres à combattre et détruire les différentes maladies occasionnées
par les à-peu-près 3o espèces de vers désignés dans cet
ouvrage. Les uns de ces auteurs se sont contentés d'en
indiquer en particulier , mais plutôt calmans dans les
atteintes convulsives , qu'anthelmintiques. De Haën
indique le suc de la grande joubarbe avec le sirop violat;
Missa , l'application de l'aimant ; Underwood , la tein-
ture de castoreum, de suie, et l'huile de rhue ; Barrère ,
le musc et l'assa fœtida en lavement ; Dazille , le
camphre et l'opium en topique ; Cavann , l'huile de

(1) Mémoires de Trevoux , 1703, *page* 7ı3 ; et Histoire de l'Académie , *page* 3g.

(2) Journal des Savans, 1709, *page* 458 ; et mes observations ,
à Genève , du 5 Mai. 1774, sur Marguerite Richer, qui a rendu
3 lambeaux de ver solitaire par la bouche , et un peloton de petits
vermisseaux par l'oreille gauche.

(3) Journal des Savans , *même page* 458.

(4) Andry , sur la Génération des Vers.

(5) Journal de la République des Lettres , Décembre 1687 ,
page 1235.

(6) Mémoires de Trevoux, 1718 , *page* 161.

ricin et de gaudron des Barbades en fomentation ;
Riquet, le sel de succin ; Krammer, l'huile animale de
Dippel ; Lange, les pepins de citron ; Bouteille, la
valérianne ; Gamet, la poudre de goutette ; Baumes,
les fleurs de zinc ; Boërhaave, le guy de chêne ;
Whitt et Hoffman, le safran, le cinabre et la liqueur
minérale ; Lorry, l'eau d'opium ; Majault, l'éther
nitreux ; Heurnius, l'huile d'amandes douces, avec
celle d'aneth ; et Vogel y joint le blanc de baleine ;
Braxagore, Forestus et Pauteau, le cautère actuel,
le moxa, etc. ; d'autres, tous les amers, l'huile de
noix, la coraline de Corse, le dictame de Crète,
le semen-contra, l'iris de Florence, etc. Mais aucun
médecin n'a voulu sacrifier son temps à la seule partie des vers et de l'unique matière médicale pour les
prévenir ou les détruire : pas même Ruisch, Capello ;
non plus qu'Andry, un des auteurs les plus recom-
mandables sur la partie des vers.

Enfin, les huileux ont été long-temps mis en
vogue ; mais le peu de soulagement qu'on a retiré
de ces remèdes les a ensevelis dans l'oubli.

La corne de cerf philosophiquement préparée a
passé autrefois pour un excellent vermifuge. L'illustre
Forestus s'en servait de préférence à tout autre remède contre les vers, et il la recommande beaucoup dans ses ouvrages ; mais on regarde aujourd'hui
toutes ces préparations absorbantes comme ayant très-
peu de vertu, et on les a mises à l'écart.

Voyant enfin que tout devenait inutile, on s'en
prit au règne minéral, et les mercuriels sont actuellement fort en vogue ; presque toutes les nations
ont adopté le mercure et le reconnaissent capable

de détruire toutes les espèces de vers qui naissent dans le corps de l'homme : on est aussi prévenu en sa faveur qu'on l'était autrefois pour l'antimoine. S'il est vrai que le mercure doive être regardé comme un excellent anthelmintique , il est également vrai que les accidens qui suivent de près l'emploi du mercure doivent faire trembler ceux qui en font usage et ceux qui l'administrent avec trop peu de précaution. Personne n'ignore qu'il procure la salivation ; qu'il ébranle , noircit et déchausse les dents ; qu'il délabre l'estomac ; qu'il irrite le genre nerveux , et fatigue ses houpes ; que les effets du mercure donnent une puanteur d'haleine ; qu'il détruit le tempérament : et enfin , il est rare qu'il ne laisse pas des traces hideuses. Il faut donc que la raison fasse proscrire pour toujours un remède dont il faut payer si cher les bienfaits.

Baglivi a fait différentes expériences sur tous ces vermifuges ; et il s'est convaincu de leur inutilité , de leur préjudice ou de leur peu de force : les expériences qu'en a fait aussi le Doct. Andry , l'ont persuadé à-peu-près de même , comme il le rapporte dans son savant traité sur les vers. On n'en est pas aujourd'hui plus avancé , sans mon remède ; car on serait dans l'obligation de se servir encore de ces prétendus vermifuges , faute d'autres ; et ils n'empêcheraient pas que nous ne voyions des familles entières se détruire par leur peu d'efficacité.

Je passerai sous silence tant de remèdes prônés comme spécifiques , et dont la principale vertu est souvent de n'en avoir pas une , sur-tout dans les mains des ignares , des illitérés , des hommes , en un mot , qui n'ont jamais gravi le seuil d'aucune école. Ce qu'il y a de plus criant est que chaque état, chaque condition, prétend avoir son remède ; et ce qu'il y a de plus triste encore, c'est que tous ces prétendus spécifiques n'empêchent pas la dépopulation des familles. Est-ce donc dans ce labyrinthe d'opinions des plus grands hommes de l'art et d'autres particuliers, que l'humanité souffrante devait chercher le garant de sa vie ? A qui devait-elle accorder la préférence, ou errer tour-à-tour dans les perplexités ? Eh bien, c'est ce même conflit d'opinions qui m'a déterminé, depuis plus de trente ans, à étudier profondément les substances médicinales purement végétales propres à combattre tant de maux produits par les différentes espèces de vers, pour démontrer leur existence, leur présence dans les diverses parties du corps humain, et l'utilité de la découverte de mon remède.

Il était donc fort avantageux pour l'intérêt du public, que j'aie fait des recherches plus exactes et plus fidelles pour découvrir un vermifuge doué de plus de vertus que ceux qu'on avait trouvés jusqu'ici. Le peu de succès qu'avaient retiré de leurs travaux tant d'habiles maîtres, qui se sont succédés dans leurs recherches de siècle en siècle, me faisait craindre pour mon entreprise ; mais encouragé par le désir d'être utile à mes semblables, la nature, cette sage mère, a cédé à mes sollicitations, et elle m'a accordé la découverte du grand antidote, du vrai spécifique contre les vers, que l'on cherchait depuis tant d'années. Cependant je ne me suis déterminé à rendre ma découverte publique, qu'après avoir fait des épreuves réitérées sur un grand nombre de sujets de différens âges, et après avoir recueilli, de mes propres yeux, des effets admirables qu'a produits mon excellent remède : j'ai plus fait, je ne m'en suis point rapporté à mes seules expériences ; j'ai confié de mon prophylactique à plusieurs de mes confrères : ils en ont administré, en poudre ou en liquide, à des enfans de tout âge ; ils en ont administré à des adultes ; et ils ont vu avec satisfaction sortir par le bas une multitude de vers de différentes espèces, les uns entiers, les autres à demi fondus.

Alors tous ont reconnu la bonté de mon remède.

Qu'on mette de plus en plus en usage ce vermifuge, et on lui accordera sans peine la préférence et les éloges qu'il mérite. D'abord il n'a rien de fatigant ni de dangereux ; ce qui lui donne encore une supériorité sur toutes les compositions qui ont paru : il ne procure ni vomissemens ni nausées, ni ne communique aux humeurs la plus petite effervescence ; bien au contraire, il jouit de cet avantage si précieux, qu'il guérit *tutò*, *citò et jucundè*. Toute son action se passe dans les intestins ; c'est là qu'il exerce sa force avec un si grand calme, qu'on a de la peine à s'apercevoir qu'on ait pris quelque remède : lorsqu'il a vaincu et défait ses ennemis, il les chasse par évacuation.

Mon remède ne se borne pas seulement à détruire les vers, leurs saburres, et les maladies qui ont pour cause la présence des vers, ou qui sont compliquées aux maladies vermineuses ; mais c'est un commode et doux purgatif raffraîchissant, qui n'attaque point les nerfs, en évacuant la bile, les glaires, les pituites, et les humeurs superflues, sans que les sujets qui en usent souffrent des tranchées ou des coliques : on peut même, en usant de ce remède, sortir, et vaquer à ses affaires : enfin ce vermifuge purgatif, en poudre, peut se conserver à sec plusieurs années, et en liqueur, encore davantage , étant bien bouché ; car alors il est incorruptible , résistant au changement des climats et à tout transport terrestre ou maritime.

Il me suffira de prouver par principe , et par le témoignage de l'expérience , attesté par une multitude d'auteurs , entr'autres Andry (1) , que non seulement l'homme et les animaux sont dominés par les vers, mais que les végétaux , les minéraux et même les métaux le sont aussi (2). L'air est rempli de semences de vers ; l'eau de pluie , le vinaigre , les vins poussés , la vieille bière , les laits aigres , en sont pleins (3). Outre ceux que ces matières peuvent produire , il y a au moins , en général , environ 30 différentes espèces de vers dominant le corps de l'homme , savoir : les Encéphales , qui résident dans la tête ; les Pulmonaires , qui se portent aux poumons ; les Hépatiques , qui attaquent le foie ; les Spléniques , la rate ; les Cardiaires et Péricardiaires qui affectent le cœur ; les Sanguins ; les Vessiculaires , qui se portent à la vessie ; les Helcophages , les Cutanés , qui se portent à la peau , dans toutes les parties du corps ; les Ombilicaux , qui attaquent l'ombilic ; les Vénériens , les Œsophagiens et Spermatiques ; les Rinaires ou nasicoles , qui attaquent le nez ; les ophtalmiques , les yeux ; les auriculaires , les oreilles ; les dentaires , les dents ; les Salivaires , la salive ; et les Ascarides , à l'entour de l'anus , le rectum , etc.

Combien d'exemples , combien de maladies et de désordres étranges les vers n'occasionnent-ils pas ! Compulsons l'histoire , ou écoutons les grands maîtres.

(1) Andry , de la Génération des Vers dans le corps de l'homme.
(2) Andry , *page* 41 et 42.
(3) Andry , *idem* , *vol.* 2 , *page* 633.

Andry nous apprend (1) qu'un ver dans la tête y occa-
casionne un violent mal, accompagné d'éblouissemens,
de vomissement, d'extinction de voix, d'aliénation
d'esprit, et d'un froid général dans tout le corps. Ambroise Paré, Aldrovandus, Antoine Benivenius, dans
leurs observations de médecine, ont enseigné la même
chose.

On voit dans l'histoire de l'académie royale des
sciences, années 1708 et 1733, qu'une femme qui
avait perdu la raison, fut trois fois différentes à l'ago-
nie, d'un mal de tête occasionné par un ver nasicole.

Andry nous a transmis (2) qu'un ver nasal faisait
craindre la perte d'un œil, et occasionnait un violent
mal d'oreille. Le même auteur nous donne la preuve
de plusieurs vers sortis par le grand cantus de l'œil,
qui occasionnaient deux maladies en cette partie (3).

Les vers causent des surdités, des fièvres aiguës (4),
et de violens maux de dents (5).

Les vers règnent dans l'hydropisie et dans la petite
vérole. Nous en avons aussi pour garant le même
Andry (6), et l'expérience attestée par Gaspard Bauhin
et Emilien de Champlono, professeur de Padoue.

Les vers cardiaires et péricardiaires règnent dans la
peste (7). Voyez aussi l'auteur de la question de médecine : *Si la Peste de Marseille a été causée
par les Vers*, brochure in-8º, imprimée à Besançon,

(1) *Premier volume, pages 72, 73, 74 et suivantes.*
(2) *Ibid., page 82.*
(3) *Ibid., pages 88, 89 et 90.*
(4) *Ibid., pages 91 et 92.*
(5) *Ibid., page 94.*
(6) *Ibid., page 96, 97; et au deuxième vol., page 633.*
(7) Vidius, *libro 7, cap. 2.*

en 1721 ; et celui des observations sur la peste de Marseille , brochure in-12 , imprimée à Lyon , en 1721.

Les vers peuvent régner dans les maladies chroniques , et occasionner des douleurs universelles , une insomnie , un dégoût , un étouffement ératique , un pouls inégal , dur et concentré ; un crachement de sang noir , mêlé de bile ; des enflures de jambes ; une tension douloureuse et à diverses reprises dans la région du foie ; des urines briquetées , quelquefois laiteuses ou bourbeuses , etc. : c'est encore ce qui résulte d'une lettre de M. Charolois, médecin de l'Hôpital de Châlons sur Saône , rapportée par Andry , page 109.

Les vers peuvent régner dans les rhumatismes universels : lettre de M. Vrayet, médecin à Compiegne (1). Les vers règnent dans les cancers (2).

Un médecin d'Amsterdam , dont Tulpius fait mention , rendit 19 vers vessiculaires , dans l'espace de huit jours , en urinant , et cela après avoir été guéri d'une fievre tierce. Louis Duret , ce fameux interprète d'Hippocrate , en rendit de semblables par les urines , après une longue maladie (3).

Les vers Crinons , autre espèce de ver plus extraordinaire. Cette espèce de ver fait déssécher le corps de maigreur ; ce sont les remarques de Schenchius , de de Kufner , de Montuus , de Resner , d'Ettmuller , et de Borelli. *Ces vers étaient inconnus des anciens.*

Le ver Soie , autre espèce de ver. Lorsqu'il se détache le malade en ressent de grandes douleurs dans le corps et de grandes perplexités dans l'esprit (4).

(1) Andry , *page* 111.
(2) *Ibid. , vol.* 2 , *page* 635.
(3) Ambroise Paré , *lib.* 20 , *c.* 3.
(4) Amat. Lusitan. , Curation médicinale. *cent.* 7.

Le ver Talpier produit de fâcheux accidens , tels ; entr'autres, que de rendre les pieds ou les bras perclus, selon l'endroit où il se cantonne (1).

Les vers vénériens, suivant l'opinion , entr'autres, de M. Hartsoker , causent tout le ravage qui arrive dans les maladies vénériennes. Il est même des auteurs qui ont pour doctrine que ces maladies viennent des vers ; c'est ce que l'on voit dans une thèse soutenue à Montpellier en juillet 1713 , laquelle a pour titre : *An lues venerea à Vermibus.*

Les vers Strongles peuvent rendre une personne muette pendant un certain temps , et la tourmenter de violentes convulsions , qui lui causeraient un rire involontaire de la nature de celui qu'on appelle rire sardonique : Andry en rapporte la preuve et un exemple (2).

Les vers ronds et longs , qu'on nomme Terètes , qui ont la figure des gros vers de terre : ils naissent communément dans les intestins grêles ; on les voit souvent monter dans le ventricule , dans l'œsophage , sortir par la bouche et par le nez.

Les vers rongent quelquefois les poumons , et y peuvent produire des ulcères.

Les vers hépatiques doivent causer nécessairement des pesanteurs au foie , avec des élancemens dans le côté droit : ils peuvent aussi causer quelquefois un sentiment excessif de chaleur dans tout le corps , avec une grande mélancolie.

Les cardiaires et péricardiaires causent souvent des syncopes , et quelquefois cette maladie appelée passion

(1) Andry , *premier vol. , page* 140.
(2) *Ibid. , page* 18 *et* 19.

lunatique , attribuée faussement à la lune ; ils causent le mal de mâchoire, les tranchées intestinales, l'ictère spasmodique , le strabisme , l'ecclampsie , l'épilepsie , souvent des gales universelles , des retentions d'urine ; grossissant, ils acquièrent par l'accroissement assez de force pour ronger le cœur ; ils rongent aussi les ulcères et y causent une grande corruption , enfin fréquemment des morts subites (1).

M. Desault, médecin de Bordeaux, prétend dans une dissertation qu'il a donnée sur la rage , que cette maladie n'a point d'autre cause que des vers , que l'on voit nager dans la salive des animaux enragés , et que l'on trouve dans leur cerveau. Si ce système est outré, il faut au moins convenir avec Ettmuller en son traité des délires , Salmuth et autres auteurs , qu'il règne des vers dans cette cruelle maladie. *Animalcula generatur , vel conspicitur in saliva vel lotio animalium rabidorum :* ce sont les expressions d'Ettmuller.

Dans la maladie de la jaunisse les intestins sont souvent remplis de vers (2). Il y a des pleurésies , des phtisies , des jaunisses , etc. qui ne peuvent bien se guérir que par des remèdes vermifuges (3). Il n'y a pas jusqu'à la catalepsie qui ne vienne quelquefois des vers.

La catalepsie est une maladie soporeuse où le malade reste comme une statue, sans sentir, sans voir et sans entendre : si l'on remue ses membres , on les voit garder la même situation où on les a mis (4).

(1) Andry , *premier vol. , page* 291 , 293 , 294 *et* 295.
(2) Andry , *deuxième vol. , page* 525.
(3) *Ibid. , premier vol., à la Préface , page* 15.
(4) Marcel Donat, *lib.* 11 , Hist. Arab., *chap.* 2.

Schenchius dans ses observations, en rapporte des exemples ; Ettmuller , *de Epilep.* , est du même sentiment.

Plusieurs auteurs attribuent aux vers la cause des fièvres malignes : Kircher , *in scrutinio pestis* ; et Hoffman , *de vita mortis imag.* Wolckenst prétend qu'elles ne proviennent jamais que de-là. Forestus, *de intest. affect. lib.* 21 , *observat.* 16 , cite un grand nombre d'exemples de fièvres malignes pestilentielles et vermineuses , dont il dit avoir été témoin. Les vertiges peuvent avoir la même cause , comme l'enseigne Schenchius , en son traité des douleurs de tête. On en trouve une preuve ultérieure , et relativement même aux vapeurs violentes , dans une lettre écrite par M. Rochebouet , à M. le Procureur général Joly de Fleury.

La Boulimie peut provenir également des vers (1).

La boulimie est une faim désordonnée et fréquente , accompagnée de défaillance.

Le ver Tenia , vulgairement appelé ver plat ou solitaire , consomme le chyle le plus pur : — c'est un aphorisme sur les vers du corps de l'homme (2).

Le ver solitaire se nourrit vers le pylore , c'est-à-dire , vers l'issue de l'estomac ; c'est-là qu'il tient sa tête : d'où il est facile de juger qu'il consomme aisément la meilleure partie du chyle , parce qu'il prend cette liqueur avant qu'elle soit parvenue aux veines lactées (3).

Les membranes que le vulgaire appelle poches à

______

(1) Thomas Bartholin , *Acta Medica et Ph.* , *vol.* 2.
(2) Andry , *vol.* 2 , *page* 639.
(3) Andry , *premier vol.* , *page* 242.

vers, tiennent quelquefois toute l'étendue des intestins, comme le remarque Hollier, *de Morb. intern. lib. Cap.* 54. : ensorte qu'elles couvrent les extrémités des veines lactées, et empêchent par là le chyle d'éntrer dans ses vaisseaux, et par conséquent privent le corps de sa nourriture ; ce qui est souvent cause de la maigreur extraordinaire où tombent ceux qui ont des vers : de manière que quand ces corps membraneux sortent, le malade en retire toujours cet avantage, que les veines lactées n'étant pas recouvertes, la distribution du chyle n'est plus empêchée.

Deslandon, premier médecin de la reine douairière d'Espagne, rapporte qu'un jeune homme attaqué des vers avait de fréquens maux de tête, accompagnés de quelque affadissement, et de faiblesse d'estomac ; en sorte que le malade, depuis qu'il avait rendu des vers, avait repris son appétit et ses couleurs naturelles. Grafficius raconte qu'un enfant de 12 ans, dans la ville de Mŏntpellier, mourut avec une tumeur audessus du pubis. » Nous ouvrîmes, dit-il, le corps, » et nous découvrîmes que la tumeur était causée par » un amas d'alimens non digérés et mêlés de quelques » vers : alors, craignant que l'estomac ne fût endom- » magé, nous en fîmes l'ouverture : nous y trouvâmes » des pelottons de petits vers, et au côté gauche, près » du fond, un trou à passer le doigt, que ces vers » avaient fait, et par lequel une partie des alimens, » avant que d'être digérés, et quelques-uns de ces » vers étoient tombés vers la région du pubis, où ils » avaient causé cette tumeur : nous trouvâmes sain et » entier le reste des intestins. »

Guillaume Fabricius assure, *cent.* 2, *obs.* 70, qu'il vit à Lyon une dame d'environ 25 ans et d'une complexion assez délicate , à laquelle un ver plat avait occasionné de grandes douleurs de ventre , des faiblesses d'estomac , des nausées , des rapports , et un dégoût général pour toute espèce d'alimens.

Je ne finirais pas si je voulais citer nombre d'autres anecdotes rapportées par tant d'illustres médecins anciens et modernes. Les autres maîtres de l'art n'ont pas besoin de puiser des lumières dans cet ouvrage , fait seulement pour éclairer et convaincre le public de l'existence et de la domination des vers dans le corps humain , et des maladies produites par des principes vermineux. Au surplus on voit dans Andry , auteur d'autant plus de poids sur les matières vermineuses que dans certaines circonstances , lorsqu'il était question des vers ou des remèdes contre les vers , MM. Lassonne , premier médecin du Roi , Macquer , Gourlez , de la Motte , de Jussieu , Carboury et Cadet , tous professeurs de la faculté de Paris , s'y sont référés. On voit , dis-je , notamment dans Andry , vol. 1 , pag. 730 , que les vers peuvent également occasionner des dévoiemens , des diarrhées. » Il survint , dit-il , » à une femme un vomissement avec une diarrhée ; » elle rendit cent vers ascarides , après quoi elle fut » guérie. » Le même auteur dit , ibid. , pag. 731 : » Une bonne femme , âgée de 50 ans , malade d'une » fièvre et d'une dyssenterie , rendit 300 vers vivans. » Panarolus fournirait , également , au besoin , la preuve des mêmes vérités. Spigelius , *de lumb. laco* , rapporte qu'une dame allemande ayant mangé à souper une salade de laitue , fut saisie d'un frisson violent , suivi de fièvre et d'une grande colique : que , comme la malade se pressait le ventre avec les mains , à cause de la force du mal , il lui survint un cours de ventre ,

qui

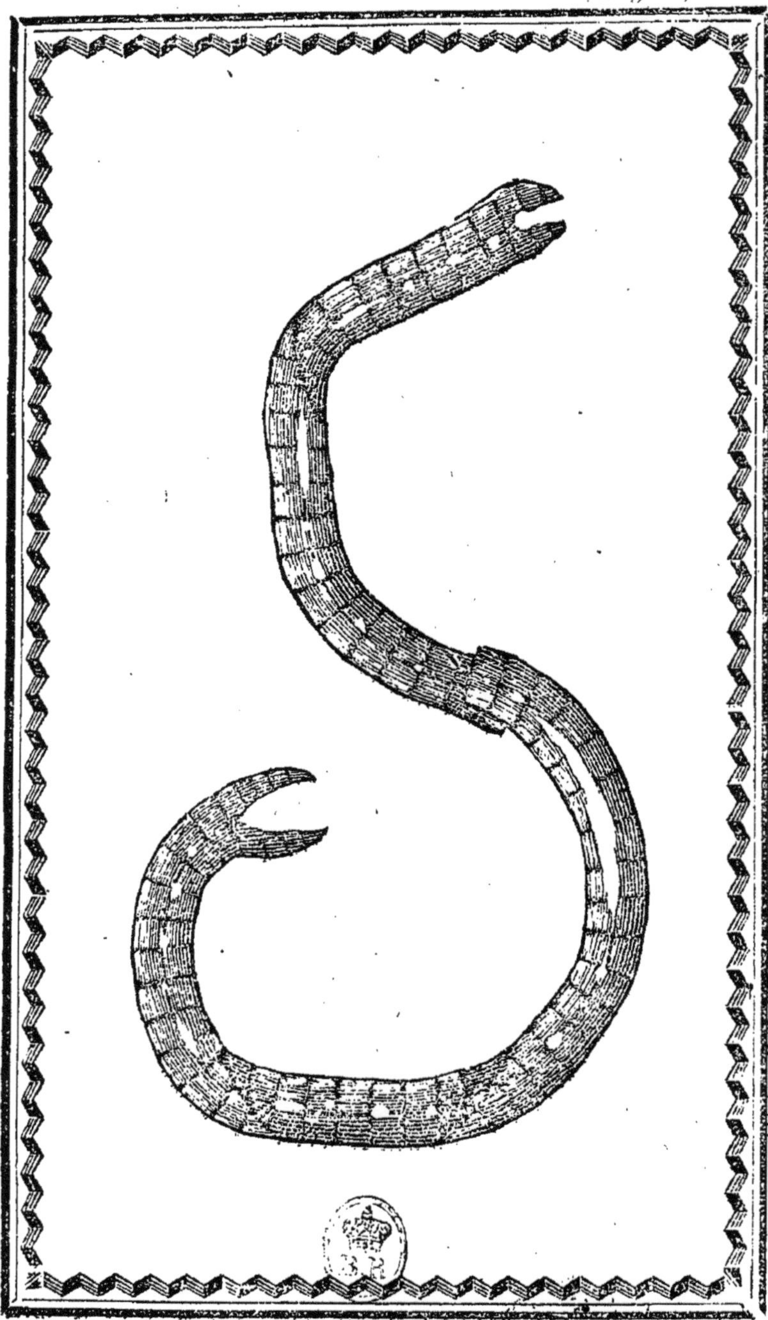

qui avec quantité de bile et d'eaux, entraîna un morceau de ver plat, long de cinq coudées.

☞ Mon remède a fait rendre à Genève, le 6 Mai 1774, un ver extraordinaire, au nommé Henry Lami. Ce ver, qui est de l'espèce du solitaire, est perforé de distance en distance, et ce qu'il y a de plus curieux, ce sont les deux extrémités dont l'une a la forme de la gueule d'un chien, et l'autre, une pince en forme de patte d'écrevisse, dont, sans doute, avec l'une il pompe en abondance le chyle du sujet qu'il habite, et avec l'autre il serre et tourmente les parties voisines. Ce ver phénomène a été et est encore admiré par les gens de l'art et par les naturalistes.

Je le conserve près de moi. Il est tel qu'il est représenté dans cette planche et tel qu'il est rapporté dans mon essai sur les vers (*Genève* 1774).

Baglivi assure avoir vu rendre à un enfant âgé de 2 ans un ver solitaire vivant, long de 20 pieds, et qui l'aurait été davantage si la mère ne l'eût rompu avec les doigts. Le ver que Baglivi désigne est un ver large, plat et dont la ressemblance approche de celle du ruban ; il est d'une longueur prodigieuse, *ibid.* (Encore mon essai ou observation, *Genève* 1774.)

Le célèbre Ruisch, médecin d'Amsterdam, assure en avoir vu un qui avait plus de 45 aunes de long.

Cet insecte fameux a donné occasion à bien des disputes parmi les hommes de l'art et les naturalistes. Les uns ont voulu, avec raison, que ce ver fût composé d'un seul ; les autres prétendaient que c'étaient plusieurs vers réunis ensemble, et enfilés les uns dans les autres comme les grains d'un chapelet. Sans doute,

B

c'était l'espèce des vers cucurbitains , ou vers dits de courge , qui a donné lieu à ces différentes opinions , attendu que leurs phalanges ou articulations sont plus alongées et qu'elles ont à-peu-près la forme de graines de courge. D'autres enfin , peut-être avec plus de raison et de fondement, supposent dans le ténia une propriété particulière de croître et de s'alonger. Voyez mon Mémoire sur les maladies vermineuses et les propriétés de mon remède , in-4.º *Douay* , chez Derbaix 1778.

Les vers rinaires occasionnent beaucoup de démangeaisons aux narines , des éternuemens violens et réitérés. Mon remède fait évacuer beaucoup les pituites , non seulement par le nez mais encore par la bouche.

Quinzius rapporte dans ses observations , qu'ayant purgé un goutteux , par précaution, pour prévenir les douleurs de la goutte , il lui fit rendre un ver plat.

Mon remède fit rendre, à Genève , le 5 mai 1774, à Marguerite Richer , trois lambeaux de ver solitaire par la bouche , et un pelotton de petits vermisseaux par l'oreille gauche. (*Ibid.* mes observations , *Genève* 1774.

Je serais infini si je ne me déterminais pas à abréger le détail des vers et des maladies vermineuses : je répéterai ce qu'a dit de bien frappant M. Andry , dans son premier volume , page 339.

» Les symptômes , dit-il , qu'on remarque dans les
» maladies des vers , viennent souvent autant de l'hu-
» meur vermineuse qui les a fait éclorre et qui leur
» sert d'aliment , que des vers mêmes. Cette humeur
» vermineuse est quelquefois si corrosive , qu'elle en-
» dommage considérablement les intestins ; souvent
» même venant à se mêler dans le sang et à être portée
» avec la masse à toutes les parties , elle peut causer

» des tremblemens , des convulsions, des frissons, des
» toux , des syncopes et autres accidens, selon qu'elle
» est plus ou moins piquante , plus ou moins grossière,
» ou qu'elle se mêle plus ou moins avec le sang. »

Il faut conclure que si le nombre des espèces de
vers est grand , celui des maladies vermineuses est
multiplié à l'infini : car il n'est point de maladies qui
ne puisse provenir d'un principe vermineux ; il en est
une infinité dans lesquelles règnent des vers : il n'est
point de partie du corps qui n'y puisse être sujette ,
point d'opération de la nature que les vers ne puissent
interrompre , point d'accident qu'ils ne puissent occasionner. Aussi je ne puis craindre d'avoir fait un
ouvrage inutile , si j'ai fait connaître la majeure
partie des vers qui tourmentent l'espèce humaine , les
maladies qu'ils produisent ou qui s'y compliquent, les
différens remèdes qui de siècle en siècle ont été inuti-
lement en vogue. Mais mon objet principal a été de
découvrir un remède certain pour les combattre : autre-
ment , de quelle utilité aurait été la connaissance des
différentes espèces de ces insectes , et des maux qu'ils
occasionnent , sans connaître le vrai antidote ? quel
avantage aurait-on de connaître le mal , sans en connaître le remède ?

Voilà donc nombre de maladies dans lesquelles règnent des vers : la peste , la rage , la variole , les maladies vénériennes , et les cancers , les maux de tête ,
les éblouissemens , des vomissemens , des extinctions
de voix , des aliénations d'esprit, un froid général de
tout le corps , des coliques spasmodiques , des prurits ,
des tranchées intestinales , l'ictère , le strabisme , l'ecclampsie , des maux d'yeux , des maux d'oreilles , des
maux de dents , des surdités , des fièvres aiguës , des

mouvemens convulsifs, même le tétanos ou convulsions du menton, des abattemens de force, des insomnies, des dégoûts, des étouffemens ératiques, un pouls inégal, des crachemens de sang, des enflures des jambes, le desséchement du cœur, la maigreur, les pieds et les bras perclus, un rire involontaire ou sardonique, des pesanteurs au foie, une grande mélancolie, des syncopes, des gales universelles, des rétentions d'urine, des transports au cerveau, la jaunisse, l'hydropisie, la pleurésie, la phtisie, la catalepsie, les fièvres malignes, les vertiges, la bolémie, etc.

Voilà toutes maladies graves, maladies tellement multipliées que l'on aurait peine à croire, si toutes n'étaient attestées par tant de médecins illustres, anciens et modernes, qui ont sacrifié une partie de leur temps pour plutôt connaître les différentes espèces des vers, et les maladies qu'ils produisent, que les vraies combinaisons médicinales pour les combattre et les prévenir.

Je me suis donc sérieusement occupé de ce grand objet; j'ai examiné les différens remèdes indiqués depuis plusieurs siècles, et aucun n'a satisfait mon attente; les uns, par leur violence; les autres, par la difficulté de les préparer incorruptiblement et de les administrer avec connaissance de cause; d'autres, pour les avoir sous la main prêts à secourir promptement le sujet dans les crises subites ou imprévues; sur-tout dans les campagnes privées des gens de l'art. Par contraire, mon remède jouit de tous les avantages; il se conserve, il se transporte, et s'administre en tout temps et avec facilité: cette vérité est prouvée par les cures nombreuses et par les bons effets qu'il a produits et qu'il produit chaque jour, appuyée des témoignages les plus authentiques, depuis plus de trente ans, du gouvernement, des plus grands maîtres de l'art de la métropole et des autres points de l'empire. Oui , les utilités de mon remède sont constatées à la fin de cet ouvrage ; par l'aveu des plus grands médecins ; par l'attestation de personnes occupant , en grande partie , un rang élevé dans l'état et en pays étranger ; par l'assentiment des autorités constituées ; par l'approbation des premiers médecins de la cour ; par les membres de la commission et de la société royale de médecine , tels que MM. de Senac et Lassonne , medecins du roi ; de MM. Alléome, Gabriel del'Epine , doyen de la faculté de médecine de Paris ; (Voyez la lettre de ce dernier , à la fin de cet ouvrage.) de MM. Belletête, de l'Assagne , Rollin , Andouillé , Dubois , Exilère , du Forest , Bordenave , Sabatier , Gonovre , Hudet , Joudet , La Martiniere , premier chirurgien du roi, Terrefort , du Rabour , premier médecin de Genève , etc. et , en outre , par les diplomes honorables de M. le premier médecin de Louis XV , après délibération des membres de la commission royale de médecine ; et enfin par le brevet de Louis seize. Actuellement j'y ajouterai les attestations légales , notariées , ou légalisées des personnes garanties des différentes maladies produites par les vers , moyennant l'usage de mon vermifuge en poudre ou en liqueur.

Cette précieuse découverte , en poudre ou en liquide , ne se borne pas seulement à détruire les vers ; elle est encore excellente pour détruire les fièvres putrides et toutes les maladies qui ont pour cause la présence des saburres vermineuses ou complications aux principes vermineux. Ce remède procure un grand soulagement aux personnes sujettes aux coliques venteuses. Ce remède chasse admirablement les flatuosités ; c'est enfin un commode et doux purgatif homogène , qui n'attaque point les nerfs, en évacuant la bile, les pituites, et les humeurs superflues, sans que les sujets qui en usent souffrent des interruptions dans la vacation de leurs affaires.

Doses, et manière de s'en servir.

La dose pour les tempéramens ordinaires et bien constitués, depuis l'âge de 18 ans jusqu'à 60, est en poudre, de 2 gros; les sujets délicats et sexagénaires, 1 gros et demi : en liqueur, 2 cueillérées et demie à bouche, au lieu de 2 gros; et 2 cueillérées, en place du gros et demi en poudre. Pour les enfans, depuis leur naissance jusqu'à 1 an, 8 grains en poudre, ou 12 gouttes en liqueur. A 1 an, 20 grains ou 30 gouttes. A 3 ans, demi-gros, ou 1 cueillérée à bouche. Depuis 3 jusqu'à 5 ans, 48 grains, ce qui est le tiers de la prise en poudre, et en liqueur à proportion. Depuis 5 ans jusqu'à 10, la moitié; de 10 à 15, les 2 tiers; de 15 à 18, les 3 quarts; de 18 à 60, la dose entière.

En poudre, on la délaye dans de l'eau sucrée, du syrop capillaire, ou du lait. On peut amalgamer cette poudre avec un peu de confiture, ou en marmelade avec un peu de miel blanc. En liqueur, tel qu'il est, sans aucun mélange.

On prend ce remède le matin, à jeun; on peut même le prendre le soir, une heure et demie après le repas, pourvu qu'au souper on se prive de salade et de crudités : dans les cas urgens on peut le prendre à toute heure, mais à la distance d'environ 2 heures après avoir mangé. Ce remède pris le soir n'interrompt pas le sommeil; il ne commence à agir que le matin. On aide son action par quelques prises de thé léger; du bouillon maigre, fait au beurre frais, sans sel et aux petites herbes : ordinairement on prépare le sujet avec quelques boissons délayantes et fraîches, telles que l'eau d'orge ou gruau, de riz, d'avoine, de chicorée, de mou de veau ; la limonade cuite et légère, ou une émulsion faite avec des graines de melon et des amandes douces, appelée communément petit orgeat ou lait d'amandes. Cette dernière boisson faite de frais en frais, est bien convenable et la plus agréable pour les enfans.

Par observation.

Comme il n'y a point de règles sans exception, il est nécessaire que la prudence guide ceux qui administreront ou qui feront usage de mon remède, pour bien le proportionner tant pour l'augmentation que pour la diminution ; c'est-à-dire, qu'il y a même dans les adultes des tempéramens débiles auxquels la prise entière occasionnerait du superflu ; comme il y a aussi des tempéramens difficiles à émouvoir qui ont besoin en conséquence de plus que de la dose ordinaire : c'est pourquoi je conseille aux personnes qui en usent en continuation, soit pour détruire les obstructions, les opilations, les hydropisies naissantes et humides, les virus dominans, etc., je conseille d'en user en poudre, de deux soirs l'un, alternativement ; et pour sonder la nature, on commencera par une dose mineure, en l'augmentant à proportion, jusqu'à ce que les effets produisent seulement quatre ou cinq selles, rien davantage. Ceux qui sont extrêmement constipés, peuvent, prenant le remède le soir, au moment des effets du remède, le lendemain au matin, aider la nature avec une once ou une once et demie de manne, délayée dans de l'eau de chicorée, ou en place, prendre un lavement simple à l'eau de mauve.

Ce remède n'exige aucun régime austère.

Ceux qui useront de mon remède ayant la fièvre, observeront, pour ne pas arrêter son effet, d'en user au déclin de l'accès ou le lendemain.

Je le répète, les vertus éminentes de mon remède sont constatées par un grand nombre de témoignages de personnes respectables et dignes de foi, désignées ci-après ; par des actes publics ; ainsi que par le privilége qui m'a été accordé par les derniers Rois et autres Souverains, sur le rapport des maîtres de l'art, et des sociétés savantes ; par les guérisons et les effets produits dans les différens points de l'empire et dans l'étranger.

Crainte de trop m'étendre dans la nomenclature des guérisons produites par mon vermifuge, je me bornerai à en abréger le nombre autant que possible : cependant j'y insérerai les titres principaux.

1.º Privilége indéfini de Louis xv, daté de Compiegne, du 8 septembre 1770, accordé après délibération de la commission royale de médecine, assemblée à cet effet, le 4 juin précédent. Ce privilège est rapporté textuellement à la fin du volume.

2.º Decret, en date du 17 mars 1774, du magnifique Conseil de la République de Genève, qui reconnaît l'utilité de mon purgatif vermifuge et qui en autorise la distribution.

3.º Les noms, et faits, et demeures de différentes personnes, habitans de Genève, à qui mon remède a produit de grands effets, comme on le voit ci-après.

Un enfant à M. Berjon, demeurant près de la Tour Perce, a rendu une quantité prodigieuse de vers longs et ronds.

(25)

L'enfant à M. Jermes, graveur, demeurant à la Tour
de Boyle, a rendu aussi une très-grande quantité de
vers ordinaires.

La fille du sieur Jaquet, messager de M. Lallier,
monteur de boëtes, à la Tour de Boyle, a rendu 40
vers longs et ronds.

Le fils de M. Cassin, marguillier à St-Gervais, a rendu
un ver solitaire, long d'environ 17 aunes.

Le sieur Antoine Cornier, maître cordonnier, vis-à-
vis le Poids-du-blé, à l'Ile, a rendu 20 aunes de ver
solitaire.

Le fils du nommé Baridon artificier, demeurant à
Plain-Palais, a rendu aussi un ver solitaire.

M.lle Batar, dizaine de M. Simond, a rendu aussi
un ver solitaire.

M.lle Challier, fille du teneur de livres de M.
Dezard, marchand horloger, derrière le Rhône, a
rendu quantité de vers ascarides : elle demeure dans la
maison Besson, au Chevelu.

Un enfant de 2 ans et demi, de M.de de Ferney,
demeurant à la Tour de Boyle, a rendu quantité de
vers longs et courts, tant par les voies ordinaires que
par la bouche et les narines, au nombre de 50, après
avoir fait usage d'une seule prise de mon purgatif
vermifuge.

M. Antoine Lequin, cloutier de montres, à Plain-
Palais, âgé de 60 ans, a rendu 60 vers ronds, d'une
seule fois.

La fille à M. Allemand, âgée de 3 ans, rue du Cornavin, a rendu le ver solitaire.

3 enfans à M. Dufour , horloger , rue du Cendrier , ont rendu quantité de vers ascarides.

M. Meunier , rue du Temple , près de la Bonne-Heure , a rendu 60 vers strongles , d'une seule fois , par l'effet d'une seule dose de mon remède.

Un enfant , âgé de 13 ans , à M. Trimolet , horloger , rue du Cendrier , a rendu un ver solitaire de 25 aunes de long , et ensemble quantité d'autres vers longs et ronds.

Un enfant de M. Charlier , maison Fontanier , à la place St.-Gervais , a rendu quantité de vers , à la première dose de mon vermifuge.

M. Fournier , horloger , rue du Temple , a rendu 60 vers ronds et courts , par l'effet de la première prise de mon remède.

Le fils , de 13 ans , de M. Abraham Dufet , monteur de boëtes , au bas du Chevelu , maison Giron , a rendu aussi un ver solitaire.

Pierre Pélerin , demeurant au Mandement des Penay , âgé de 40 ans , a rendu plusieurs vers ordinaires.

Le petit Bordier , rue du Chevelu , a rendu quantité de vers , ainsi que sa mère.

M. Romili , peintre en émail , rue du Temple , a rendu plusieurs vers , ainsi que ses enfans.

La femme du nommé Blanc , cordonnier , demeurant maison Villaret , près la Tour Perce , a rendu quantité de vers , de la longueur de 22 pouces.

M.lle Fore , âgée de 25 ans , demeurant à la Madeleine , a rendu le ver solitaire.

L'enfant de Mde. Santer, au Molard, a rendu 94 vers, en un jour, par l'effet d'une seule prise de mon vermifuge.

Un enfant, de 11 ans, à M. Courtois, receveur des douanes du roi de Sardaigne, à Chêne, a rendu une masse de vers de plusieurs espèces, au nombre de 536.

Mde. Marchanton, rue de Temple, a rendu une grande quantité de petits vers ascarides.

Le sieur Reuge, charpentier, à Rive, maison Gallay, a rendu un ver extraordinaire et velu.

Le fils à Mde. Blon, près du Coq-d'inde, a rendu une grande quantité de vers strongles.

M. Lenoir, joaillier, à la Chasse royale, a rendu le ver solitaire.

M. Marche, au Bourg-Dufour, a rendu aussi une grande quantité de vers ronds.

Alphonse Condrière, chez M. Nourrisson, à Plainpalais, a rendu une infinité de vers ascarides.

L'enfant de Charlotte Odan, âgé de 7 ans, demeurant au Grand Mazel, maison Broglié, a rendu quantité de vers ronds.

M. Jamy, faiseur de ressorts, à Belair, maison Fossé, a rendu, d'une seule fois, 21 vers ronds, de la longueur à-peu-près de 14 pouces chacun.

L'enfant à Mde. Maquer Duperron, âgée de 6 ans et demi, a rendu 5 vers ordinaires, et ensemble un ver solitaire long de trois-quarts d'aune.

La cuisinière à Mde. Mestrezat, rue du Cornavin, a rendu le ver solitaire.

L'enfant de M. Paté, graveur, au Chevelu, a rendu, par l'usage de mon remède, une épingle.

M.lle Lorinte, maison Kinal, près du Petit Mort, a rendu, d'une seule fois, 28 vers ronds.

L'enfant à Mde. Beaudroy, maison Colombie, rue des Corps Saints, a rendu quantité de vers ordinaires.

Un enfant de 28 mois, à Mde. Palé, maison Faisan, à Coutance, a rendu un ver ordinaire, long de demi-aune.

Les enfans du sieur Fore, aubergiste, à Grange-Canel, ont rendu, par l'usage de mon vermifuge, une quantité prodigieuse de vers.

Le fils du sieur Gallay, imprimeur à Rive, a rendu beaucoup de vers.

M. Dacé, demeurant vis-à-vis la Grenette, a rendu le ver solitaire.

L'enfant de Jacob Chaffuer, palefrenier chez M. de Boissy, a rendu beaucoup de vers ordinaires.

M.lle Ursule Cartier, demeurant chez M. Turetin-Boissier, derriere la Grange, a rendu un ver rond, d'une grosseur et d'une longueur extraordinaires.

Le même fils de M. Courtois, receveur des douanes du roi de Sardaigne, à Chêne, annoncé ci-devant pour avoir rendu 536 vers à la première prise de mon purgatif vermifuge, en a encore rendu 43 par l'effet d'une seconde prise, employée quelques jours après la 1.ère.

La fille du régent Bourilhonne, à Borneu, en Suisse, baillage de Morges, a rendu un ver solitaire long de 22 aunes, ensemble plusieurs autres vers de différentes espèces.

Nota. Pour abréger ce corollaire, j'en retrancherai

les attestations des cantons Suisses, de Neuchâtel, des villes du pays de Vaud, telles que Lausanne, Morges, Nyons, etc.

Le fils de Mde. Santerre, au Molard, a rendu 100 vers ascarides.

La fille à Mde. Menou, au Temple, a rendu quantité de vers strongles.

M. Marion Poucy, horloger, maison Milnet, a rendu un insecte extraordinaire et très-curieux.

M.lle Oudrà, de Rolle en Suisse, sujet regardé par nombre de gens de l'art et depuis plusieurs années comme épileptique : ses attaques convulsives ont totalement disparu depuis l'usage de mon vermifuge, et après avoir rendu quantité de vers de différentes espèces.

Mde. Françoise Facio, rue des Chaudroniers, maison Oudrà, a rendu une infinité de petits vers ascarides.

Mde. Stok, chez M. Calas, rue du Temple, a rendu quantité de vers ordinaires d'une longueur considérable.

Jean Massault, de Vieu, a été guéri d'une fièvre putride, après avoir évacué un pelotton de vers.

Mde. Odin, horlogère, a rendu un ver extraodinaire, velu comme une chenille, long de 9 pouces et large de 30 lignes.

Louis Boucher, à Plain-Palais, a rendu une masse de vers de plusieurs espèces.

Germain Moullinier, monteur de boëtes, à Coutance, maison Badolaï, a rendu quantité de vers ascarides.

Mde. Baudi a rendu un sac vermineux rempli d'une quantité innombrable de vermisseaux, parmi lesquels il y avait un ver solitaire de 43 pouces de long.

David Martin, cordonnier, à la Fusterie, maison Gentil, a rendu quantité de vers ordinaires.

Jean Agit, cordonnier, à Cartenay, dans la campagne, a rendu 12 vers stronglés d'une longueur considérable.

L'enfant à Mde. Rochet a rendu beaucoup de vers ombilicaux.

M. Oër, joaillier, à Rive, près de la Taconnerie, a rendu un ver solitaire, d'environ cinq aunes de long.

M. Archinal, confiseur, place de la Taconnerie, a rendu aussi un ver solitaire.

La femme de M. Fort, rue du Boulet, a rendu quantité de vers térètes.

La fille, de 9 ans, à M. Rey, horloger, rue Verdaine, à la Grille, vis-à-vis le collége, a rendu une masse de différentes espèces de vers.

Davin Ranbonçon, cuisinier chez M. Sellon, seigneur d'Alamand, a rendu un ver solitaire, long de 22 aunes, accompagné de plusieurs autres vers ordinaires.

Marguerite femme Richer, tonnelier demeurant en haut du Chevelu, maison Vacher, a rendu trois lambeaux de ver solitaire par la bouche, et quantité de petits vermisseaux par l'oreille gauche. Voy. pag. 18.

2 enfans à M. Garin, horloger, demeurant en sa maison au Cendrier, ont rendu une grande quantité de vers longs et ronds.

Louis Thomas, âgé de 35 ans, homme au service chez monsieur de Voltaire, a rendu quantité de vers térètes très-longs.

Un enfant à Mde. Faquart, au Chevelu, a rendu quantité de vers ordinaires.

Un enfant à M Lascolé , marchand bijoutier, rue des Étuves , maison Humbert , a rendu quantité de vers rinaires ou nasicoles.

Mde. Bernier , au bourg Dufour , maison Guaï , a rendu le ver solitaire.

Marianne Laura , cuisinière chez M. Tourtin-Boissier, a rendu un ver solitaire.

La fille à M. Lavalette , émailleur , au Cendrier , a rendu 11 vers ombilicaux.

Le fils, de 15 ans, à M. Blay , maison Fournier, derrière le Rhône , à la Croix-verte , a rendu quantité de vers ordinaires.

Le fils de M. Delor , horloger , rue des Corps Saints, a rendu une poche contenant 48 vers strongles.

La fille, de 10 ans, à M. Wis, négociant en horlogerie, a rendu quantité de vers ordinaires.

M. Gaud , âgé de 54 ans., orfèvre , à la Croix-d'or, a rendu un ver solitaire long d'environ 14 aunes.

Le fils, âgé de 19 mois, à M. le brigadier Pallier, demeurant à Chêne , maison Charet, a rendu un ver solitaire long de 37 pouces.

Un enfant à Mde. Palais , rue Neuve, a rendu plusieurs vers ordinaires.

Enfin, Henri Lami, qui a rendu ce ver phénomène , perforé, et armé aux deux extrémités, dont il est parlé plus haut. Voy. pag. 17.

Nota. Un grand nombre des personnes indiquées dans cette nomenclature étaient attaquées de fièvres lentes, de maux de tête, de convulsions jugées épileptiques, de coliques, de dégoût, craignant la phtisie, le marasme ou la consomption : par l'usage de mon vermifuge elles furent parfaitement guéries.

4.º Acte notarié par Chéry , à Besançon , du 15 octobre 1772 , qui constate que Mde. Jeanne Bataillard femme Fournier, et sa fille, malades depuis long-temps, ont été guéries par l'usage de mon vermifuge , qui leur a fait rendre à l'une et à l'autre quantité de vers.

5.º Lettre de M. Boulard , curé à Besançon , et de M. Poncalier son beau-frère , en date du 25 janvier 1772 , et 12 février suivant, où ils attestent qu'après un dégoût considérable provenant d'un rhume invétéré, mon remède a procuré à M. Boulard l'effet désiré.

6.º Déclaration de 26 principaux habitans d'Aix en Provence , du 27 février 1775 , avec l'attestation des magistrats , y annexée, comme il suit.

» Nous soussignés certifions avoir pris plusieurs fois
» de la poudre de monsieur Pierre Léopold de Poly
» de Blanchet , médecin ; de l'effet de laquelle nous
» nous sommes très-bien trouvés, tant pour le vermifuge
» que pour le purgatif doux , puisque nous comptons
» en faire usage encore dans l'occasion, étant en état de
» certifier plus amplement l'effet de cette poudre , si le
» cas y échoit. A Aix, le vingt-sept février mil sept cent
» soixante et quinze. »

Signé DE CARRAIRE, LANGIER DE ST.-ANDRÉ, ROUX, ADIBEY , GRANDIN SALIGNAC , VITARDE , M.r ROUS , AVRIL , DEPTY , BAILLE , CARPEREL , CERCEAU , MOURET , BINET , LECOQ , DOITEY , GARCIN , VIGUIER et sa femme , LEVEQUE , JEAN-JOSEPH BONNEFOY , ANTOINE TOUCHE , JOSEPH BOURGOGNE , HONORÉ THEISSEIRÉ , ÉTIENNE GARDEBOIS, VÉRONIQUE LANTERME.

» Nous

» Nous Maire , Consuls et assesseurs , Lieutenans
» généraux de police, certifions que les signatures ci-
» dessus sont véritables, et que les soussignés ci-dessus
» ont réellement usé en cette ville de la poudre du
» sieur Blanchet, et que foi doit être ajoutée à leurs
» signatures.

» Fait à Aix, à l'hôtel de ville , le douze septembre
» mil sept cent soixante et quinze.

Signé CLAPIER DE VAUVENARGUES , P. C. d'Aix;
BARLET , Ass. d'Aix , Lieut. g.l de police;
GALLUY , C. d'Aix , L. g. d. p.

» Nous Maire , Consuls et assesseurs , Lieutenans
» généraux de police, Procureurs du pays de Provence,
» certifions que les signatures apposées au bas du cer-
» tificat ci-joint en faveur du sieur Pierre Léopold Poli
» de Blanchet, médecin , en date du 27 février 1775 ,
» et que nous avons contresignées le 12 septembre ,
» suivant , sont véritables, et que les soussignés dans
» ce certificat ont réellement usé de la poudre du sieur
» Blanchet , et que foi doit être ajoutée à leurs signa-
» tures , tant hors qu'en jugement : en foi de quoi ,
» nous avons fait la présente légalisation et apposé
» notre scel.

» A Aix en Provence , à l'Hôtel de ville , le qua-
» torze septembre mil sept cent soixante et quinze. »

Signé CLAPIER DE VAUVENARGUES , P. C. d'Aix;
BARLET , Ass. d'Aix , Lieut. g.l de police;
GALLUY , C. d'Aix , L. g. d. p.

7.º Lettre de M. Portalis , commissaire ordonnateur
à Toulon , du 27 mars 1775 , qui certifie sa satisfaction
dans l'usage de mon remède.

8.º Double att..tation des magistrats de Montpellier: l'une du 6 septembre 1775, l'autre du 25 janvier 1785, qui attestent l'utilité de mon vermifuge.

9.º Déclaration de M. J. Pierre Legendre, prieur curé de la Loupe-au-Pers, de Claude Valet, syndic audit lieu, et autres principaux habitans, notables dudit lieu, au nombre de 20, du 2 octobre 1780, qui atteste que mon remède a guéri différentes personnes attaquées de maladies dangereuses, et desquelles on désespérait, entr'autres, d'une maladie épidémique qui régnait alors audit la Loupe.

10.º Autre déclaration de 14 principaux notables de la Loupe, du 4 Octobre 1780, garanties par l'usage de mon remède, de la maladie épidémique et putride susmentionnée.

11.º Délibération de la société royale de médecine, séante au louvre. Extrait des régistres des délibérations de la société royale de médecine.

» Aujourd'hui jeudi 3 juin 1776, la commission
» royale de médecine, étant assemblée à la manière
» ordinaire, examen fait du remède de la composi-
» tion du remède de la composition du sieur Poli
» Bianchi de Blanchet, médecin, et par lui présenté
» comme remède purgatif vermifuge, ladite commission
» a jugé que ladite composition pouvait être employée
» avec succès pour la destruction des vers, et qu'il ne
» pouvait qu'être utile au public de permettre le débit
» dudit remède : en conséquence, ladite commission
» royale, en vertu des pouvoirs à elle accordés par Sa
» Majesté, arrête qu'il sera permis au sieur Poli de
» composer, vendre et distribuer, tant à Paris que d.. s
» tout le Royaume, ledit remède ; à la charge par lui

» de se retirer par devant Sa Majesté, à l'effet d'obte-
» nir un brevet confirmatif de la présente délibé-
» ration.

» Fait, arrêté au bureau de la société royale de
» médecine, les jour et an que dessus. »

Signé ALLÉOME, doyen; DE L'EPINE, BELLETÊTE,
DE L'ASSAGNE, ROLLIN, ANDOUILLÉ, DESBOIS,
EXILÈRE, BORDENAVE, SABATIER, GONOVRE,
HUDET, JAMART, TERRAFORT, MITONNAR.

» Pour extrait conforme à l'arrêté de ladite déli-
» bération. »

Signé ALLÉOME, doyen; LA MARTINIÈRE, premier
chirurgien du Roi.

» Par MM. de la commission royale de médecine. »

Signé NOGARET, greffier de ladite commission.

Extrait du privilége du Roi.

» Aujourd'hui 4 juin 1776, le Roi étant à Versailles,
» le sieur Léopold Poli Bianchi de Blanchet, docteur
» en médecine, a très-humblement exposé à Sa Ma-
» jesté, que sa commission royale de médecine lui
» a permis de composer, vendre et distribuer, tant à
» Paris que par tout le Royaume, un remède purgatif
» vermifuge de sa composition qu'elle avait jugé pou-
» voir être employé avec succès pour la destruction
» des vers, ainsi qu'il était mentionné en l'extrait
» qu'il représente d'une délibération de ladite com-
» mission, en date du jour d'hier; qu'il supplie en
» conséquence Sa Majesté de vouloir bien lui accorder
» un brevet confirmatif de ladite permission. A quoi
» ayant égard, vu ledit extrait des délibérations, ci-
» attaché sur le scel de sa commission royale de mé-

» decine ; Sa Majesté agrée et confirme la permission
» accordée par ladite commission, audit médecin Poli.
» En conséquence, Sa Majesté a autorisé et autorise
» ledit Poli, à composer, vendre et distribuer, tant
» à Paris que dans tout le Royaume, son remède
» purgatif vermifuge, selon les termes de ladite déli-
» bération, en vertu de laquelle Sa Majesté lui a fait
» expédier le présent brevet, que, pour assurance de
» sa volonté, elle a signé de sa main, et fait contre-
» signer par moi conseiller secrétaire d'état et de ses
» commandemens. »

Signé LOUIS.

Et plus bas,

Signé AMELOT.

12.° Extrait d'une lettre de M. Gabriel del'Epine,
doyen de la faculté de médecine de Paris, et un des
commissaires rapporteurs à la commission royale pour
l'examen de mon remède purgatif vermifuge, datée de
Paris, 11 août 1776.

» En recevant, Monsieur et très-honoré confrère,
» de vos nouvelles, qui m'ont fait beaucoup de plaisir,
» et les témoignages très-obligeans d'une reconnais-
» sance que je n'ai pas méritée, je vous félicite de ce
» que votre vermifuge commence à former un peu de
» jalousie aux gens de l'art. C'est un préjugé favorable
» pour le débit, une preuve qu'il fait sensation sur les
» esprits, et un aveu de l'utilité de la composition.
» Lorsque j'eus l'honneur d'en rendre compte à la
» commission royale de médecine, j'ai moins compté
» vous obliger personnellement que rendre service au
» public, en rendant un témoignage favorable à votre
» excellent mélange vermifuge. Il m'a paru si sage-

» ment combiné, que j'ai pensé que sur-tout dans les
» provinces , où on ne trouve pas toujours des médi-
» camens de bon aloi , tant simples que composés , on
» sera fort heureux d'en trouver sous sa main de bien
» propres et innocens, qui éviteront les risques et les
» inconvéniens des vermifuges les plus efficaces connus,
» souvent dangereux , entre les mains particulièrement
» des chirurgiens des campagnes.

» J'ai l'honneur d'être , avec les sentimens d'estime
» et de considération la plus distinguée , Monsieur
» et très-honoré confrère , votre très-humble et très-
» obéissant serviteur. »

Signé GABRIEL DEL'EPINE , doyen.

» A Monsieur Poli Bianchi de Blanchet, docteur en
» médecine , à Amiens. »

13.º Attache de son Altesse celcissime Mgr. le Prince
Evêque de Liège , prince du Saint-Empire , qui reconnaît l'utilité de mon vermifuge.

14.º Diplôme du collége des médecins de Liège, qui
déclare que mon vermifuge a produit de grands effets
dans les états du Prince Evêque , du 24 juillet 1778.

» Nous président, préfet et assesseurs composant le
» collége des médecins de Liège , spécialement assem-
» blés et convoqués par ordre de son Altesse celcissime, à
» effet d'examiner les vertus et propriétés du vermifuge
» purgatif du sieur Léopold Poli , docteur en méde-
» cine, possesseur dudit remède, MM. lesdits composant
» le collége des médecins , ayant mûrement examiné,
» et fait toutes les attentions possibles , ont jugé et dé-
» claré que ce remède est très-bon et utile pour opérer
» de grands effets. »

» En foi de quoi, etc. »

Signé BEAUVOIX, préfet; L. BARON DE BIERSET président.

» Par ordre. »

Signé P. Ç. BACQUET, greffier du collége des médecins de Liège.

15.º Six dépositions assermentées par-devant notaires, à Cambray, qui constent des cures extraordinaires produites sur différens sujets par l'effet de mon purgatif vermifuge. Elles sont datées du 9 décembre 1778.

La 1.ʳᵉ certifie que le nommé Jullien, cabarétier à Cambray, a été attaqué d'un mal de gorge violent; qu'il a été saigné deux fois pour cet effet; et qu'ayant fait usage de ma poudre vermifuge, il a été guéri radicalement.

Dans la 2.ᵉ déposition, Nicolas Moillez, habitant de Cambray, atteste que pendant plus de 8 jours il a éprouvé des douleurs d'entrailles et d'estomac très-violentes; qu'ayant pris deux médecines qui ne lui avaient procuré aucun soulagement, il a usé de mon remède; qu'il a été radicalement guéri, et qu'il n'a ressenti depuis aucune douleur.

Ces deux pièces sont revêtues chacune de la signature du déposant et de celle de MM. Dancelin et Cardon, notaires à Cambray.

3.ᵉ Déposition. Par-devant les mêmes notaires, Marie Cailleu veuve d'Etienne Charpentier, native du village de Cambrou, en Picardie, a déclaré que depuis long-temps attaquée d'un mal occasionné par les vers, elle a usé, sans obtenir aucun soulagement, d'une infinité de remèdes qui lui avaient été fournis par des apothicaires de Cambray , qu'ayant pris plusieurs paquets de ma poudre vermifuge , elle a rendu chaque fois qu'elle en a fait usage une grande quantité de vers ; ce qui l'a très-fort soulagée et l'a guérie parfaitement : de sorte qu'elle assure avec vérité qu'elle doit la vie à ce remède et qu'elle continuera d'en user autant que ses facultés le lui permettront ; que la maladie contre laquelle elle a employé mon vermifuge est une jaunisse occasionnée par les vers.

Dans la 4.ᵉ déposition , le nommé Antoine Copin , cabarétier , certifie que s'étant trouvé incommodé de l'estomac et de la poitrine, il a fait usage de ma poudre vermifuge ; qu'il en a été très-fort soulagé et complettement guéri ; de sorte que depuis il ne sent plus de douleurs.

5.ᵉ Déposition. Dans cet acte , Jeanne Laurent, demeurant à Cambray, atteste qu'elle a pris plusieurs paquets d'une poudre appelée vermifuge , provenant du sieur Poli de Blanchet ; que cette poudre lui a fait rendre un pelotton fait à-peu-près comme de la filasse ; qu'elle n'a pu distinguer s'il était formé de vers : ce pelotton était gros comme un œuf de poule ou environ. Elle s'est senti soulagée. Cette poudre lui a procuré aussi plusieurs évacuations.

Plus, l'annonciation de la guérison de M.lle Vincent, et de la fille de M. le marquis de Lagrange , chevalier d'honneur du parlement de Flandre , et de M. d'Abancourt, chevalier de St.-Louis.

Je terminerai cette longue série , qui prouve l'utilité de mon vermifuge , par la simple nomenclature des attestations de MM. les magistrats de différens ordres , ainsi que des Préfets et sous-Préfets , tels que ceux de

Toulouse, Armande, Montauban, Périgueux, le Puy
en Velay, Marseille, Toulon, Grace en Provence,
Grenoble, Lons-le-Saunier, Gray, Besançon, Epinal,
Mirecourt, Lunéville, Tanne, Bruxelles, Tournay,
Dieppe, Calais, Saint-Omer, Bethune, Valenciennes,
Lille en Flandre, Arras, Troyes, Noyon, Meaux,
Versailles, et autres, qui tous attestent la bonne
reussite de mon vermifuge, répandu dans ces diffé-
rentes contrées.

Je joindrai néanmoins à ces titres le privilége que
j'ai annoncé pag. 24, N.º 1.er.

Extrait du Brevet de Louis XV.

Nous Jean Senac, Conseiller ordinaire du Roi et
son premier Médecin, en vertu de la délibération
de la Commission royale de médecine, assemblée,
le 4 Juin dernier, à l'effet de faire l'examen du
remède vermifuge présenté par le sieur Léopold Poli
Bianchi de Blanchet, médecin, lui avons permis et
permettons de composer, vendre et faire vendre, distribuer et administrer dans toute l'étendue du royaume
sondit remède, avec défense à toutes personnes de
l'empêcher.

Donné à Compiegne, sous le sceau de nos armes,
le Roi y étant, le 28 septembre 1770.

Signé Senac.

Par M. le premier médecin du Roi.

Signé Lamarque.

Enregistré à la Grande Brévoté de France, le 8
juillet 1771.

Signé Tertre.

Scellé à Paris, le même jour.

Signé Déjean.